Adosphère

Méthode de français

A1

1

Céline Himber • Marie-Laure Poletti

Cahier d'activités

hachette
FRANÇAIS LANGUE ÉTRANGÈRE
www.hachettefle.fr

POUR LE CAHIER D'ACTIVITÉS

Couverture : Nicolas Piroux.

Photo de couverture : Tin Cuadra

Création du graphisme intérieur : Anne-Danielle Naname.

Adaptation de maquette et mise en pages : Valérie Goussot.

Illustrations : Frédérique Vayssières, Vadim Igor Gressier (agence l'un et l'autre), Sylvain Girault
(pour la rubrique apprendre à apprendre).

Secrétariat d'édition : Astrid Rogge.

Crédit photographique : p. 15 Leremy, p. 21 1 *Dans les bois à Giverny* : *Blanche Monet peignant*, C. Monet,
Los Angeles County Museum of Art, CA, USA/The Bridgeman Art Library, 2 *La lecture*, P.-A. Renoir, musée
d'Orsay, Paris © Giraudon/ The Bridgeman Art Library, 3 Stapleton Collection/Corbis/Succession H. Matisse,
Paris. p. 51 D.R.

POUR LE CD-ROM

Sérigraphie : Nicolas Piroux.

Auteur des activités : Laure Hutchings.

Conception, ergonomie et graphisme : La Petite Graine.

Logiciel de création d'activités autocorrectives : Grupo Santa Maria.

Intégration : Milène Clavaud.

Crédits photographiques : Shutterstock Module 1 VG Studio, Y. Arcurs (2), P. Date, J. Chabraszewski, Avava,
S. Suharjoto, A. Raths, BonD80, ene, Pixelstudio, A. Bryliaev, Perig (2), Nuttakit, Paulburns, I. Filimonov.
Module 2: A. Zhenikeyev, Monkey Business Images, A. Ozerova, S. Suharjoto, J. Chabraszewski. Module 3:
Gelpi, P. Pahham, T. Whiteside, A. Turner, E. Elisseeva, Coprid, Stocksnapp, Severjn, K. Bakalyan, new
vave, Antonio Jorge Nunes Module 4 : AlekseyVI B., Muellek Josef, Danilo. Module 5: DR / M. Clavaud,
SharonPhoto, Losevsky Pavel, xc, PixAchi, S. Tucker. Module 6: M. Clavaud. Module 7: Monoo. Module 8:
I. Nielsen, Rudchenko Liliia, J. Martin Will, Tischenko Irina, Danilo, cs333.

**Les activités du CD-Rom sont à faire en renforcement, elles sont signalées
par le logo 💿🔍 dans les pages Mon Portfolio.**

ISBN : 978-2-01-155709-4

© Hachette Livre 2011.

Bienvenue dans Adosphère !

Saluer, se présenter

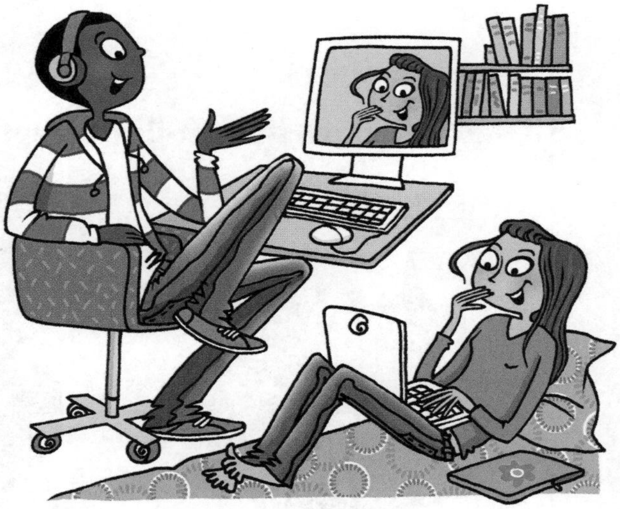

1 Remets les mots dans l'ordre et complète le dialogue.

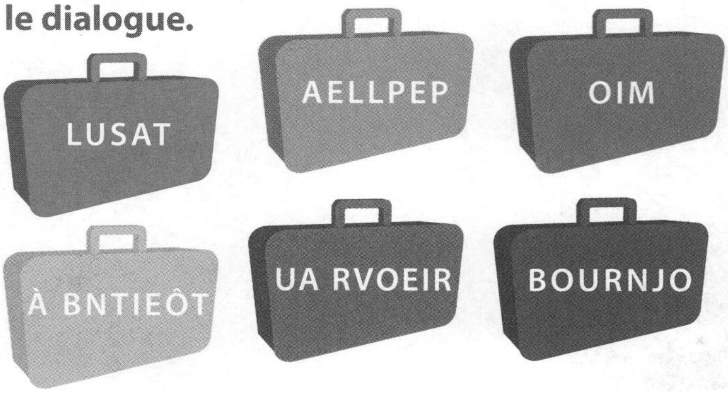
LUSAT
AELLPEP
OIM
À BNTIEÔT
UA RVOEIR
BOURNJO

a.	............................, je m'............................ Lucille !
b.	............................, c'est Oscar.
c.	.... !
d.	.... Lucille !

L'alphabet

2 Déchiffre les prénoms des ados et relie-les aux dessins. Puis écris ton prénom de manière codée.

Exemple : 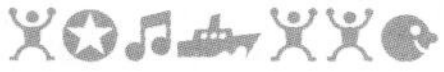 Lucille

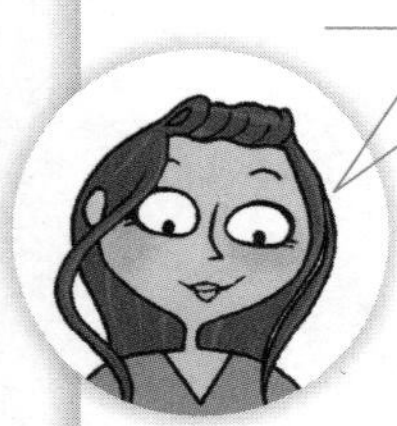

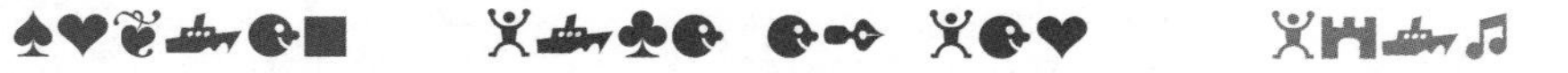

a. ....

b. ....

c. ....

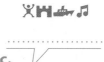

d. ....

e. ....

f. ....

g. ....

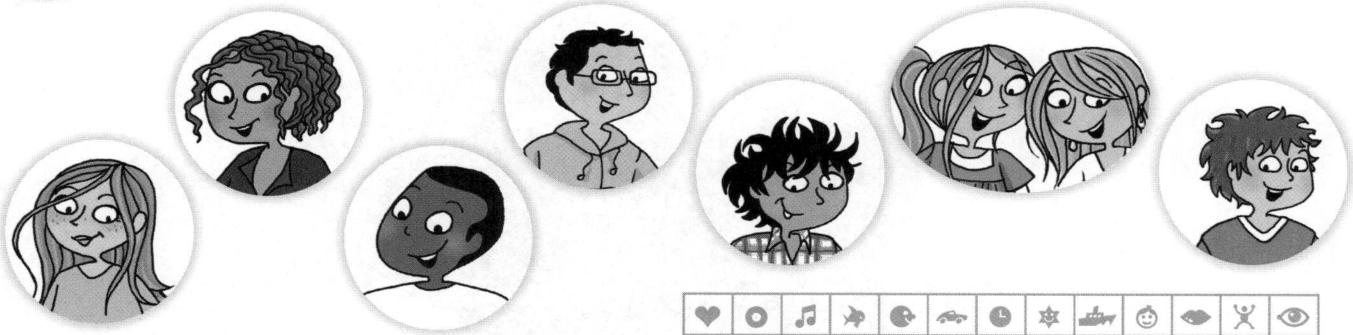

h. Et toi ?

....

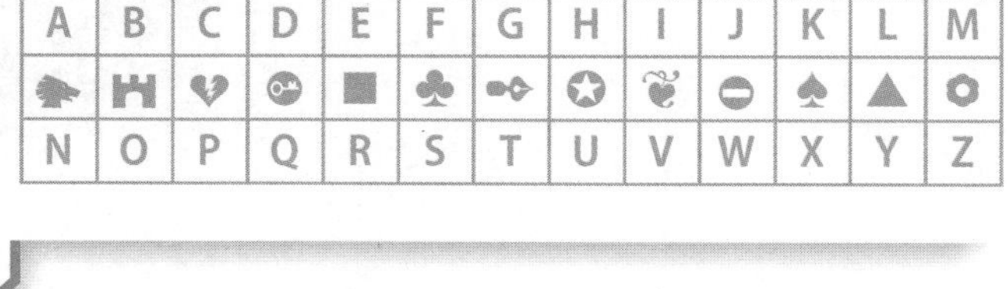
A B C D E F G H I J K L M
N O P Q R S T U V W X Y Z

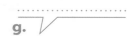

Oui, je parle français !

Les langues

1 **Quelle langue parlent-ils ? Complète.**

Je parle ....

a.

Je parle ....

b.

Je parle ....

c.

Je parle ....

d.

Je parle ....

e.

Les mots transparents

2 **Entoure les cinq autres mots français et dessine-les.**

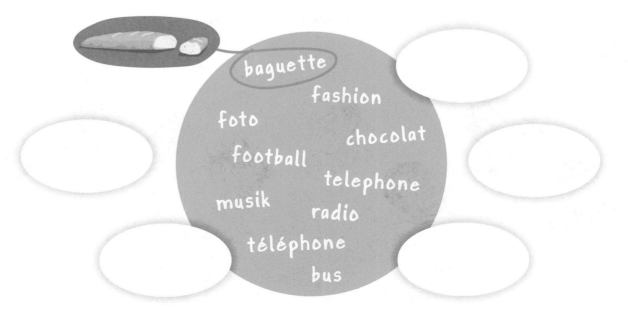

baguette
fashion
foto
chocolat
football
telephone
musik
radio
téléphone
bus

Entre dans Adosphère !

Compléter une fiche d'inscription

Complète la fiche avec tes informations personnelles.

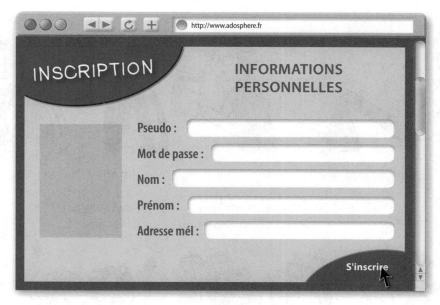

INSCRIPTION

INFORMATIONS PERSONNELLES

Pseudo :

Mot de passe :

Nom :

Prénom :

Adresse mél :

S'inscrire

http://www.adosphere.fr

---

apprendre ◀ à ▶ **apprendre**

Et toi, comment communiques-tu en classe ? Associe les dessins aux phrases.

Je ne comprends pas !

Comment on prononce ?

Comment ça s'écrit ?

Regarde et lis.

a.

b.

c.

d.

Je m'appelle Lucille

Le verbe *s'appeler* et les pronoms personnels

1 **Transforme avec un pronom sujet et le verbe *s'appeler*.**

Exemple : Moi, c'est Lucille !

Imane, c'est toi ?

C'est Samuel !

a.

b.

→ Je m'appelle Lucille.

→ .... Imane ?

→ .... Samuel !

Voici Lise et Léa !

Je vous présente mes copains Loïc et Xavier.

Alice et Samuel ? C'est nous !

Imane et Oscar, c'est vous ?

c.

d.

e.

f.

→ ....

→ ....

→ ....

→ ....

Lise et Léa !

Loïc et Xavier.

Alice et Samuel !

Imane et Oscar ?

Faire connaissance

2 **Remets dans l'ordre et complète.**

Stlua, aç av ?

Buoonjr, aç av, te oti ?

ej et tpésrene

ej vsuo répsnete

Mio, c'tse

....

a.

Oscar, ... Imane.

b.

....

....

Lucille. Et toi ? c.

Les copines, ... Oscar.

d.

LEÇON 2
Ma page perso

Ma bande de copines

Le verbe *être*

1 Complète avec la forme correcte du verbe *être*.

a. Nous .... copains.

b. Imane .... la copine de Lucille.

c. Vous .... jumelles ?

d. Loïc et Xavier .... des garçons super !

e. Je .... avec ma bande de copains.

f. Tu .... sympa !

Les nombres de 0 à 19

2 Dessine en suivant les numéros dans l'ordre. Trouve le mot représenté par le dessin.

deux
un
dix-huit   dix-neuf
seize   cinq
    dix-sept   six
quinze
    quatorze
treize
    douze

sept
huit
onze   neuf
    dix

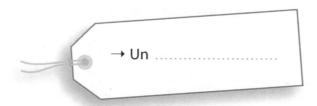

→ Un ....

Dans mon sac, il y a...

Les articles indéfinis

1 **Complète avec un article indéfini, puis associe les mots au dessin.**

.... photo

.... téléphone

.... cahiers

un stylo

.... mouchoirs

.... trousse

.... livres

.... clé

.... sac

Il y a

2 **Complète avec *c'est* ou *il y a*.**

a. Dans mon sac, ... la photo de mes copains.

b. Ma meilleure copine, ... Imane !

c. Moi, ... Lucille, et toi ?

d. Dans ma classe, ... mes copains et mes copines.

e. Dans la trousse, ... des stylos.

f. Regarde, ... la bande des quatre !

Les salutations

1 Associe les dialogues aux images.

a.

b.

1. – Salut Samuel, ça va ?
   – Ça va, et toi ? Je te présente Alice.
   – Bonjour. Comment tu t'appelles ?
   – Je m'appelle Lucille.

2. – Bonjour, comment vous vous appelez ?
   – Monsieur Lupin, et je vous présente madame Poulain.

Mon cours de maths

2 Complète les opérations.

a. Huit fois deux égale
....

b. Quinze .... quatre égale dix-neuf.

c. ....
moins six égale onze.

d. Treize plus
....
égale quatorze.

e. Dix-huit
....
trois égale six.

Mon PORTFOLIO

1 Évalue tes connaissances p. 24 de ton livre.

2 Colorie la cible en fonction de tes résultats.

Tu as 0 ou 1 point → Colorie en 🖌
Tu as 2 ou 3 points → Colorie en 🖌
Tu as 4 ou 5 points → Colorie en 🖌

Maintenant, tu sais...

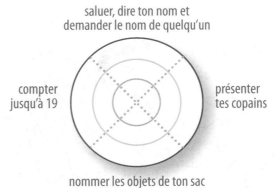

saluer, dire ton nom et
demander le nom de quelqu'un

compter
jusqu'à 19

présenter
tes copains

nommer les objets de ton sac

3 Fais les exercices correspondant à tes résultats.

Saluer, dire
ton nom
et demander
le nom de
quelqu'un
(Tu as 🖌 ou 🖌)

1. Complète avec les expressions suivantes.

je te présente – je vous présente – je m'appelle – Moi, c'est – et toi

a. Je m'appelle Xavier, ..., comment tu t'appelles ?

b. Salut les copains, ... ma copine Lise !

c. Loïc, ... Imane.

d. Bonjour ! .... Lucille !

Présenter
tes copains
(Tu as 🖌 ou 🖌)

2. Imane présente ses copines et ses copains. Complète.

Moi, je m'appelle Imane.

Je te ....

mes copains ....

et mes copines ....

10

Compter
jusqu'à 19
(u as ● ou ●)

3. Continue les suites.

a. un | trois | .... | .... | neuf

b. trois | .... | neuf | .... | ....

c. six | .... | dix | .... | ....

d. .... | treize | .... | .... | seize

Nommer
les objets
de ton sac
(u as ● ou ●)

4. Choisis un prénom et fais une grille comme dans l'exemple.

Exemple :

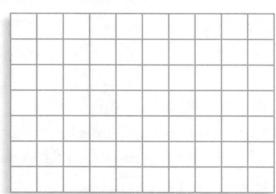

Tu as ●
partout ?
Tu es un
champion !!

5. Complète avec les mots suivants.

photo – agenda – Moi – six – Il y a – filles – téléphone – s'appellent – sont – copains

Dans mon .... , il y a une .... de

mes .... Nous sommes .... ! Les garçons

.... Samuel et Xavier et les .... : Lucille, Lise et Léa.

.... , c'est Imane ! .... d'autres photos de

mes copains dans mon .... : elles .... super !

---

apprendre ◀ à ▶ **apprendre**

Et toi, comment mémorises-tu les mots nouveaux ?

a.

b.

c.

J'adore les jeux vidéo !

Les verbes en –er

1 **Complète les phrases avec le verbe conjugué.**

Exemple : Il ♡ aime le lundi.

a. Vous 👁 .... la télévision.

b. Nous 🎲 .... sur Internet.

c. Elles ✂ .... le mercredi.

d. Tu 🎧 .... de la musique.

Poser une question

2 **Transforme comme dans l'exemple.**

❓ = question avec *est-ce-que* / ● = question sans *est-ce-que*

Exemple :

❓ Aimer le mercredi (tu) → Est-ce que tu aimes le mercredi ?

● Détester la télévision (il) → Il déteste la télévision ?

a. ❓ Aimer la musique (vous)

→ ....

b. ● Jouer aux jeux vidéo (elles)

→ ....

c. ❓ Aimer le français (tu)

→ ....

d. ● Parler avec des copains sur Internet (il)

→ ....

e. ❓ Écouter la radio (ils)

→ ....

f. ● Regarder la télévision (vous)

→ ....

g. ❓ Aimer les maths (elle)

→ ....

Mon personnage
de jeu vidéo

Les articles définis

1 **Trouve les sept autres mots cachés, puis complète.**

A	H	B	D	F	O	M	C
E	C	O	L	E	X	U	H
R	O	N	I	O	J	S	O
U	P	B	V	N	R	I	C
V	A	O	R	E	D	Q	O
C	I	N	E	M	A	U	L
I	N	S	S	Z	N	E	A
E	S	B	U	L	S	M	T
W	R	A	D	H	E	A	O

Exemple : les livres

a. l'..

b. le ....

c. la ....

d. les ....

e. le ....

f. les ....

g. la ....

La phrase négative avec *ne... pas*

2 **Complète. Utilise les verbes suivants : ~~parler~~, aimer, regarder, jouer, écouter.**

a.

Xavier ne parle pas allemand. Il ....

....

....

....

b.

Lucille ....

Ton jour préféré

LEÇON 3 — Mes découvertes

Demander et donner une explication

1 **Regarde la semaine et complète comme dans l'exemple.**

Lundi	Cours de français
Mardi	Informatique
Mercredi	Sport
Jeudi	Cours de musique
Vendredi	Inviter des copains à la maison
Samedi	Être à la maison
Dimanche	Écouter de la musique

Exemple : Pourquoi tu aimes le lundi ? Parce qu'il y a cours de français.

a. Pourquoi .... ? Parce qu' ....

b. ....

c. ....

d. ....

e. ....

f. ....

Les jours de la semaine

2 **Écris les jours de la semaine dans l'ordre alphabétique, puis retrouve l'activité préférée d'Oscar.**

D	i	m	a	n	c	h	e
			d				
v							

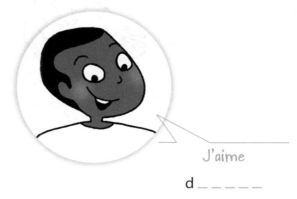

J'aime

d _ _ _ _ _

 LEÇON 4 Ma page culture

J'aime la France !

 1 Complète avec des symboles de la France. Tu peux écrire et dessiner.

....

PARIS   Astérix et Obélix

FRANCE

....

....

....

Mon cours d'informatique

 2 Complète.

a.  → une S _ _ _ _ S

b.  → un C L _ _ _ _ _ _

c. → un _ C _ _ N

d. → E _ _ _ G _ _ _ _ E R

e. → _ M P _ _ _ _ R

f. → _ _ L L _ R

Mon PORTFOLIO

1 Évalue tes connaissances p. 36 de ton livre.

2 Colorie la cible en fonction de tes résultats.

Tu as 0 ou 1 point → Colorie en 🖌
Tu as 2 ou 3 points → Colorie en 🖌
Tu as 4 ou 5 points → Colorie en 🖌

Maintenant, tu sais...

dire ce que tu aimes
et ce que tu détestes

nommer les jours
de la semaine
et parler de ton
jour préféré

demander et
donner une
explication

poser des questions

3 Fais les exercices correspondant à tes résultats.

Dire ce que tu aimes et ce que tu détestes (Tu as 🖌 ou 🖌)

1. Qu'est-ce qu'ils aiment / n'aiment pas ? Complète.

Lucille
Chanter 😊
Écouter de la musique 😊
Le chocolat et les bonbons 😞
Parler avec des copines 😊

Oscar
Le cinéma 😊
Regarder la télé 😊
Le sport 😞
L'informatique 😞

a. Lucille aime chanter,...

Elle n'aime pas ....

b. Oscar...

....

Demander et donner une explication (Tu as 🖌 ou 🖌)

2. Complète avec *pourquoi* ou *parce que*.

Exemple :

> Pourquoi tu n'aimes
> pas le dimanche ?

> Parce que le dimanche,
> il n'y a pas de copains !

a.
> ....
> il aime chanter ?

> ....
> il aime la musique.

b.
> ....
> tu joues à l'ordinateur ?

> ....
> j'aime l'informatique.

c.
> ....
> tu n'aimes pas le foot ?

> ....
> je n'aime pas le sport.

Poser des
questions
u as 🔹 ou 🔹)

🔍

Nommer les
jours de la
semaine et
parler de ton
jour préféré
u as 🔹 ou 🔹)

🔍

Tu as 🔹
partout ?
Tu es un
champion !!

🔍

3. Trouve les questions correspondantes.

Exemple : Est-ce que vous aimez la musique ? Oui, nous aimons la musique.

a. .... ? Non, je déteste les promenades.

b. .... ? Non, je n'aime pas le mercredi.

c. .... ? Oui, j'aime le chocolat.

4. Complète les phrases.

des copains de classe   cours de musique   promenades

week-end   école

Xavier aime le .... parce qu'il n'y a pas d' ....

Le samedi, il invite .... et c'est le jour du ....

Il adore le dimanche, parce qu'il aime les ....

5. Complète avec les mots suivants.

n'… pas – aimes – danser – écouter – musique –
parce que – dansons – est-ce que – pourquoi

http://blogperso.fr

Je .... aime .... le football. .... ? ....

je n'aime pas le sport ! Je préfère la .... J'adore ....

de la musique et .... Avec mes copains, nous ....

ensemble. Et toi, ... tu .... la danse ?

apprendre | à | apprendre

Et toi, comment mémorises-tu les conjugaisons ?

a.

b.

c.

LEÇON 1
Moi et les autres

Je suis
grande et blonde

Le féminin des adjectifs

1 **Entoure la bonne réponse, puis associe.**

a. Jeanne est petit / petite et roux / rousse.

b. Marco est petite / petit et blond / blonde.

c. Laura n'est pas blond / blonde et elle n'est pas grand / grande.

d. Nils n'est pas petit / petite et il n'est pas brun / brune.

e. Thomas est brune / brun et original / originale.

Le verbe *avoir*

2 **Retrouve dans la grille les cinq autres formes du verbe *avoir*, puis complète les phrases.**

Exemple : Elle *a* un t-shirt bleu.

a. Nous .... des problèmes.

b. J' .... un copain original !

c. Tu .... quel âge ?

d. Ils .... des jeux vidéo à la maison.

e. Vous .... un grand sac ?

Ⓐ	R	A	I	G
P	A	V	E	Z
I	H	O	N	T
K	E	N	M	F
L	A	S	U	C

Demander et dire son âge

3 **Quel âge ont-ils ? Lis les informations et complète.**

a. Sophie et Lila sont jumelles.

b. Sacha a l'âge de Sophie + l'âge de Lila.

c. Jules a l'âge de Sacha – l'âge de Thomas.

d. Sophie a 9 ans.

e. Thomas a l'âge de Lila + 2.

Sophie	Lila	Jules	Sacha	Thomas
Elle *a 9* ans.	Elle	Il	Il	Il ....

Jumelles, mais différentes !

Le pronom *on*

1 **Transforme le texte suivant en utilisant le pronom *on*.**

> Salut ! Nous nous appelons Théo et Jules !
> Nous avons treize ans et nous sommes jumeaux.
> Nous sommes blonds et nous avons les yeux
> bleus. Nous adorons la peinture !

Salut ! On ....

....

....

Le pluriel des adjectifs

2 **Complète.**

a. J'ai les cheveux long..... et blond..... .

b. Les copines d'Alice sont origina..... .

c. Oscar et Imane sont grand..... .

d. Lucille et Imane sont copines mais différent.....!

e. Nous sommes deux filles petit..... et rou..... .

f. Vous avez les yeux vert..... .

Dessiner
la mode

Les vêtements

1 Qu'est-ce qu'il y a dans le sac de Pauline et de Rémi ? Complète.

a. Dans le sac de Pauline, il y a…

....

....

....

....

b. Dans le sac de Rémi, il y a…

....

....

....

Les couleurs

2 Complète avec la bonne couleur, puis associe au personnage correspondant.
Attention à l'accord des adjectifs !

_____

Je porte une jupe 🖌......................... et 🖌

.... et des baskets 🖌......................... .

J'ai aussi une casquette 🖌......................... et

🖌......................... et un t–shirt 🖌......................... .

J'adore les vêtements de toutes les couleurs !

Des tableaux
d'artistes français

1 **Lis les informations et associe-les aux tableaux correspondants.**

a. Matisse adore coller des papiers de couleurs.

b. Monet est un peintre très célèbre. Blanche Monet est sur le tableau.

c. Il y a deux filles sur le tableau de Renoir : une brune et une blonde !

1.   2.   3.

Mon cours de dessin

2 **Complète.**

a. → une T _ _ L _

b. → un _ _ N _ _ A U

c. → un T _ _ A _ _ _ _

d. → du P _ P _ _ _

e. → un _ A R _ _

f. → un _ O _ D

g. → un C R _ _ _ _

h. → des _ I S _ _ _ _

1 Évalue tes connaissances p. 48 de ton livre.

2 Colorie la cible en fonction de tes résultats.

Tu as 0 ou 1 point → Colorie en ✏
Tu as 2 ou 3 points → Colorie en ✏
Tu as 4 ou 5 points → Colorie en ✏

Maintenant, tu sais...

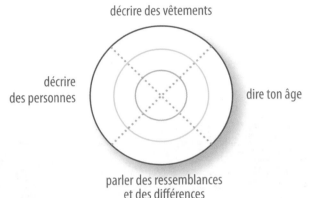

décrire des vêtements

décrire
des personnes

dire ton âge

parler des ressemblances
et des différences

3 Fais les exercices correspondant à tes résultats.

1. Associe pour former des phrases correctes.

Décrire
des personnes
(Tu as ● ou ✏)

J'	a. est	1. grands.
Tu	b. ai	2. les cheveux longs.
Hélène	c. es	3. rousse.
Nous	d. est	4. blond.
Emma et Justin	e. sont	5. petit.
Paul	f. avons	6. les yeux bleus.

2. Reconstitue les mots et les phrases.

Dire ton âge
(Tu as ● ou ✏)

Nuso
asovn
tizere
nas.

uT
sa
qeul
âeg ?

a. Nous .... **b.** ....

aJ'i
qnuzie
asn.

Eells
not
rqaute
asn.

c. .... **d.** ....

Parler des ressemblances et des différences
(u as ou)

3. Pourquoi se ressemblent-ils ? Complète.

Exemple :

On se ressemble parce qu'on est blondes.

On se ressemble parce qu'on ....

a.

On ....

b.

On ....

c.

Décrire es vêtements (u as ou)

4. Complète avec des noms de vêtements et les couleurs.

a. Sam porte un .... noir, des baskets .... et un ....

b. La jupe de Julie est .... Elle porte un .... vert et une ....

Tu as partout ? Tu es un champion !!

5. Complète avec les mots suivants.

mode – petit – ai – cheveux – ans – on – grande – ai – différents – brune – copine

http://www.blogpersodevictor.fr

Salut, je m'appelle Victor et j'............... douze .... Je suis ...., j'............... les .... blonds et j'adore la ....! J'ai une ...., elle s'appelle Noémie. .... est très ...., parce que Noémie est .... et .... Et elle déteste la mode !

apprendre à apprendre

Et toi, comment prends-tu la parole en classe ?

a.

b.

c.

LEÇON 1
Moi et les autres

Tu fais du sport ?

Le verbe *faire*

1 **Retrouve dans la grille quatre autres formes du verbe *faire* et complète.**

R	A	F	A	L	E
E	F	A	I	T	E
F	A	I	T	E	S
O	I	S	E	A	U
N	S	O	S	U	R
T	E	N	N	I	S
E	Z	S	O	X	Y

Exemple : (Je ou tu) fais.

a. ....

b. ....

c. ....

d. ....

Les articles contractés

2 **Complète les phrases comme dans l'exemple. Choisis les articles corrects !**

a. Loïc joue *au basket* et fait  ....

b. Lucille et Xavier jouent ....

c. Lucille fait aussi  ....

d. Est-ce que vous jouez 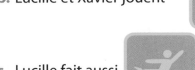 ....?

e. Est-ce que vous faites ....?

f. Est-ce que tu fais ....?

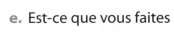

Le sport, c'est bon pour le corps!

Les adjectifs possessifs

1 **Entoure la proposition correcte.**

Le mercredi, je joue avec mon / ma / mes équipe de foot. Notre / nos t-shirt est bleu et blanc et notre / nos baskets sont bleues. Et toi, Lucille, ton / ta / tes t-shirt est bleu aussi ? Et ton / ta / tes baskets ?

a.

Oui, mon / ma / mes t-shirt est bleu et blanc aussi et mon / ma / mes baskets sont noires. Et toi, Loïc ?

b.

Moi, je ne joue pas au foot, mais mon frère, oui. Dans son / sa / ses équipe, ils ont un t-shirt rouge et ses / leur / leurs baskets sont noires.

c.

Les parties du corps

2 **Retrouve cinq parties du corps et associe-les au dessin.**

être – anim – rabs – epélau – sajemb – spide

la tête

Les Jeux paralympiques

Poser des questions

1 **Complète avec *est-ce que* ou *qu'est-ce que* et remets la conversation dans l'ordre.**

a. – .... elles font ?

– Elles jouent au foot. C'est l'équipe féminine du collège.

b. – Et tes copains de classe, ...

ils détestent aussi le sport ?

– Non, ils adorent le sport : ils font du basket, de la natation, de l'équitation.

c. – Et toi, ... tu fais comme sport ?

– Je n'aime pas le sport. Je préfère regarder les matchs à la télévision !

d. – C'est vrai ? .... elles font des compétitions ?

– Oui, et elles gagnent !

→ a, ...

Les nombres de 20 à 69

2 **Associe les équipes à leur score.**

Notre score est cinquante-sept ! Nous sommes champions !

a.

Notre équipe gagne ! Notre score : le score de l'équipe verte + le score de l'équipe jaune + 9 !

b.

```
1. 32    2. 57
3. 25    4. 66
```

Notre score : le score de l'équipe rouge – le score de l'équipe verte... 😞

c.

Notre score ? Le score de l'équipe rouge – vingt-cinq... 😞

d.

LEÇON
4
Ma page culture

MODULE
4

Le Tour de France

1 **Place les lieux sur la carte.**

le Mont-Saint-Michel

Strasbourg

Marseille

le Mont-Blanc

Mon cours de sport

 2 **Complète.**

a.  → un _ _ L L _ _

b. → un P _ _ I _ _

c. → une B _ _ _ _

d.  → une _ _ _ _ _ T T _

e.  → un _ _ L _ T

f.  → un B _ _

Mon PORTFOLIO

1 **Évalue tes connaissances p. 60 de ton livre.**

2 **Colorie la cible en fonction de tes résultats.**

Tu as 0 ou 1 point → Colorie en 🖌
Tu as 2 ou 3 points → Colorie en 🖌
Tu as 4 ou 5 points → Colorie en 🖌

Maintenant, tu sais...

dire pourquoi on fait un sport

présenter un sportif

échanger sur les sports qu'on pratique

poser des questions

3 **Fais les exercices correspondant à tes résultats.**

Échanger sur les sports qu'on pratique
(Tu as 🔴 ou 🔴)

1. Lis et associe.

Lucille : Qu'est-ce que tu fais aujourd'hui, Oscar ?

Oscar : C'est mercredi ? J'ai un cours de danse.

Lucille : Tu fais de la danse ? C'est super ! Tous mes copains font du foot ou du tennis.

Oscar : Je fais aussi du tennis, mais je préfère la danse. Et toi, Lucille, tu as une compétition aujourd'hui ?

Lucille : J'ai une compétition de natation.

Lucille   Oscar

a.   b.   c.   d.

2. Choisis un sport et complète.

Dire pourquoi on fait un sport
(Tu as 🔴 ou 🔴)

a. Je fais du / de la / de l'.. pour

.... et pour ....

b. Le / la / l'.., c'est bon pour

.... et pour ....

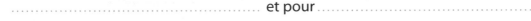

Présenter
un sportif
Tu as ⬤ ou ⬤)

3. Observe le dessin et présente Max Delaballe, champion de tennis.

il fait des compétitions

il est professeur de sport

c'est un champion extraordinaire

il aime faire de l'exercice

parce qu'il aime gagner

....
....
....

Poser
des questions
Tu as ⬤ ou ⬤)

4. Retrouve les questions correspondantes.

a. .... ? Je fais du basket.

b. .... ? Oui, je fais des compétitions.

c. .... ? Le mercredi, je fais des matchs au collège.

d. .... ? Non, je déteste la natation.

Tu as ⬤
partout ?
Tu es un
champion !!

5. Complète avec les mots suivants.

Qu'est-ce que – football – corps – tête – leurs – compétitions – sport – dans une équipe – bon – natation

.... **les Français aiment comme sports ?**

Les sports préférés des Français sont le ...., le vélo, le basket,

la .... et le tennis. Les Français aiment .... champions.

Ils regardent les .... à la télévision. Ils font aussi du

.... pour être .... et parce que c'est

.... pour la .... et le ....

apprendre ◀ à ▶ **apprendre**

Et toi, comment fais-tu pour bien comprendre un document oral ?

a.

b.

c.

C'est où, chez toi ?

Chez + les pronoms toniques

1 **a. Retrouve le pronom tonique correspondant à chaque personne.**

Exemple : Je = moi → chez moi

a. Tu = ... → chez ....

b. Il = ... → chez ....

c. Elle = ... → chez ....

d. Nous = ... → chez ....

e. Vous = ... → chez ....

f. Ils = ... → chez ....

g. Elles = ... → chez ....

b. Maintenant, complète les phrases.

Vous êtes chez vous ?

a.

Non, nous ne sommes pas chez

.... , nous sommes dans la rue.

c.

Yann et Alexandre ? J'habite près de chez .... !

Tu es avec Loïc ?   chez ....

Oui, je suis

b.

Clara habite sur une péniche !

Chez .... , c'est original !

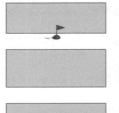

d.

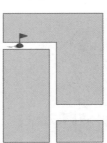

Indiquer un chemin

2 **Lis les indications et dessine les itinéraires de trois couleurs différentes.**

a. Tu continues tout droit et après la station de métro, tu tournes à gauche.

b. Tu traverses la rue, tu continues tout droit et tu tournes à droite puis à gauche dans la petite rue.

c. Tu continues tout droit, tu tournes à droite et tu traverses le pont.
Après le pont, tu tournes à gauche.

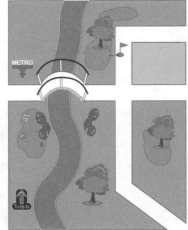

LEÇON
2
Ma page perso

Mon quartier

Les articles définis ou indéfinis

1 **Complète avec un article défini ou indéfini.**

Exemple : J'adore les monuments de ma ville !

a. Il y a .... piscine près de chez moi.

b. .... station de métro n'est pas loin.

c. .... jardin des Plantes, c'est .... jardin très célèbre !

d. .... rue des Marronniers, c'est ma rue.

e. .... bibliothèque de mon collège est très grande !

f. Nous sommes dans .... joli quartier.

Situer un lieu

2 **Complète avec *dans, sur, près, loin*.**

Je suis .... la rue du Parc.

a.

Où est la bibliothèque, s'il vous plaît ?

.... la place.

b.

C'est .... , chez toi ?

Non, regarde, c'est ici, au numéro 12 !

c.

C'est ton collège, ici, ... du jardin ?

Oui.

d.

Le jeu du code de la rue

Où et quand

1 **Relie les questions aux réponses.**

a. Où est la bibliothèque, s'il vous plait ?

b. Quand est-ce que tu es à Paris ?

c. Le bus arrive quand ?

d. Chez toi, c'est où ?

e. Où est-ce que tu es ?

f. Ton cours de tennis, c'est quand ?

1. Je suis dans le métro.

2. C'est à droite après le jardin des Roses.

3. Dans une minute.

4. Mercredi et jeudi.

5. J'habite rue de Marronniers, au numéro 15.

6. C'est le samedi.

Les transports

2 **Trouve neuf autres mots dans la grille, puis complète les phrases.**
(Conjugue ou mets au pluriel si nécessaire.)

L	H	C	M	E	T	R	O
V	O	I	T	U	R	E	R
U	T	R	O	U	L	E	R
V	J	C	A	E	X	B	O
R	O	U	T	E	F	U	L
V	E	L	O	A	M	S	L
P	I	E	D	C	P	I	E
M	A	R	C	H	E	R	R

a. Tu c............................ en métro ou en b............................ ?

b. Quand je suis à p............................, je m............................ sur le trottoir.

c. Les v............................ r............................ sur la r............................ .

d. Les pistes cyclables, c'est pour les v............................ et les r............................ .

Paris à vélo

① Retrouve sur le plan de Paris les lieux suivants.

la tour Eiffel – la Seine – Notre-Dame de Paris – le jardin du Luxembourg – la place de la Bastille –
la place de l'Étoile – la bibliothèque François-Mitterrand – le bois de Vincennes

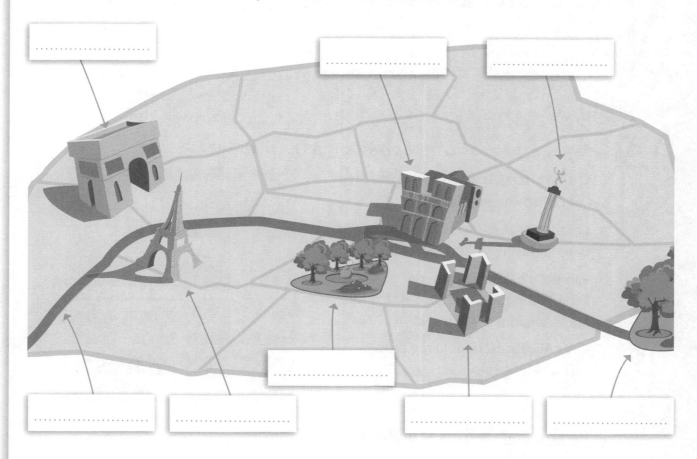

Mon cours d'instruction civique

② Associe.

a. Dans le bus, j'ai un ticket.

b. À pied, je traverse sur le passage piéton.

c. Dans le métro, je donne ma place.

d. Dans les jardins, je ne marche pas sur les fleurs.

e. Mes copains et moi, nous n'aimons pas
les mêmes choses.

1. Je respecte les autres.

2. Je respecte les règles.

3. Je respecte le code de la rue.

4. Je respecte les différences.

5. Je respecte la nature.

1 Évalue tes connaissances p. 72 de ton livre.

2 Colorie la cible en fonction de tes résultats.

Tu as 0 ou 1 point → Colorie en 🖌
Tu as 2 ou 3 points → Colorie en 🖌
Tu as 4 ou 5 points → Colorie en 🖌

Maintenant, tu sais...

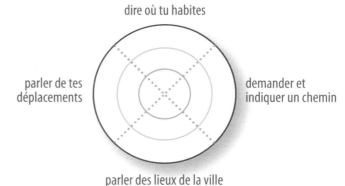

dire où tu habites

parler de tes déplacements

demander et indiquer un chemin

parler des lieux de la ville

3 Fais les exercices correspondant à tes résultats.

Dire où tu habites (Tu as 🖌 ou 🖌)

1. Où habitent Loïc, Samuel et Alice ? Lis et complète sur le plan.

a. Loïc habite près de la place du Change, dans la rue Émile-Zola, après le collège.

b. Samuel n'habite pas loin de la bibliothèque. Chez lui, c'est à droite après le jardin des Plantes.

c. Chez Alice, c'est dans la rue près du musée.

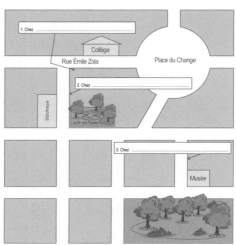

Demander et indiquer un chemin (Tu as 🖌 ou 🖌)

2. Regarde les dessins et indique les itinéraires.

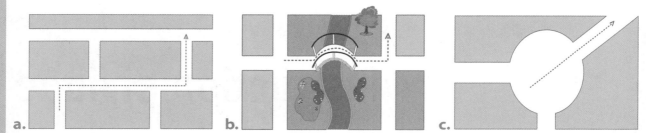

a.   b.   c.

Tu .... à ....
et tu continues ....
.... Puis, tu
.... à ....

Tu ....
le pont et tu ....
.... à
....

Tu ....
la ....
et tu ....
tout droit !

Parler des lieux de la ville
(u as 🔴 ou 🔴)

Parler de tes déplacements
(u as 🔴 ou 🔴)

Tu as 🔴 partout ?
Tu es un champion !!

3. Retrouve les noms de lieux. N'oublie pas les articles !

Exemple : J'habite près d'<u>une place</u>. (CLAPE)

a. C'est un livre de .... (THOBIBILEQUE) de mon quartier.

b. Pour arriver chez moi, tu traverses .... (TONP)

c. Le Louvre ? C'est .... (ESUME) très célèbre !

d. Dans ma ville, il y a .... (SPINCIE) super !

e. Je suis dans .... (DRAJIN) de la rue Émile-Zola.

f. .... (LECLOGE) de Paul n'est pas loin de chez lui.

4. Complète avec les moyens de transport.

a. Pour circuler .... je porte des baskets.

b. Pour circuler .... ou .... j'utilise un ticket.

c. Pour circuler .... ou .... je porte un casque.

5. Complète avec les mots suivants.

casque – où – rue – perdue – vélo – chez – continues – droit – station – droite – marcher – toi

– Pardon madame, je suis ...., je ne sais pas comment arriver .... moi.

– Et c'est ...., chez .... ?

– C'est dans la .... Jean-Rey.

– Tu .... tout .... jusqu'à la .... de métro et à

................, c'est la rue Jean-Rey ! Tu es à .... ?

– Euh, oui, je n'aime pas ....

– Et tu n'as pas de .... ?

apprendre ◀ à ▶ **apprendre**

Et toi, comment fais-tu pour bien comprendre un document écrit ?

a.

b.

c.

LEÇON 1 — Moi et les autres

Venez faire la fête !

Le verbe *venir*

1 **Complète avec le verbe *venir*, puis associe les questions et les réponses.**

a. Tu .... à mon anniversaire ?

b. Et tes copines ?

c. Imane et toi, vous .... samedi soir ?

d. Il .... à quelle heure ?

e. Nous apportons quelque chose ?

1. Non, vous .... mais vous n'apportez rien.

2. Il .... à cinq heures et demie.

3. Oui, je ....

4. Oui, elles ....

5. Non, nous ne .... pas.

Demander et dire l'heure

2 **Quelle heure est-il ? Écris l'heure de deux manières différentes.**

Exemple :

Il est une heure et quart./
Il est une heure quinze.

a.

Il est ....

....

b.

....

c.

....

....

d.

....

....

e.

....

....

Une journée spéciale

Les verbes pronominaux

1 **Observe les dessins et complète avec les verbes *se lever, se coucher, se doucher, se déguiser, s'amuser*.**

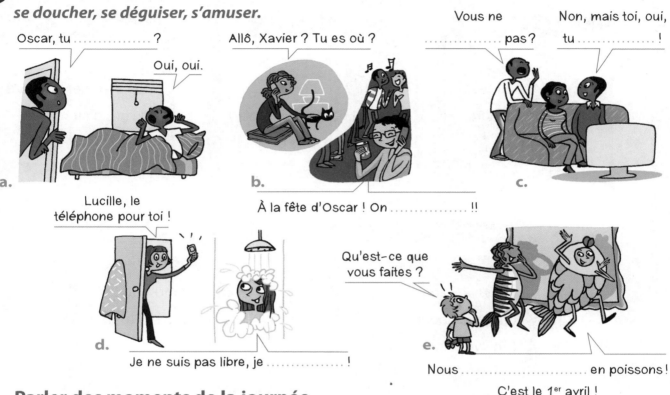

Oscar, tu .... ?

Oui, oui.

Allô, Xavier ? Tu es où ?

Vous ne .... pas ?

Non, mais toi, oui, tu ....!

a.

b.

À la fête d'Oscar ! On ....!!

c.

Lucille, le téléphone pour toi !

Je ne suis pas libre, je ....!

d.

Qu'est-ce que vous faites ?

e.

Nous .... en poissons !

C'est le 1er avril !

Parler des moments de la journée

2 **Complète avec : *ce / le matin, ce / le midi, cet / l'après-midi, ce / le soir*.**

Salut Alice, ça va ?

Non, ça ne va pas ! D'habitude, j'adore le samedi ! Le matin, je me lève tard et je fais de la musique avec Héloïse et William. ...., ils mangent chez moi et ...., on joue encore de la musique ! .... je regarde un film ! C'est super !

Mais aujourd'hui, je déteste ma journée ! ...., j'ai Héloïse au téléphone : elle ne vient pas et William ne vient pas manger .... parce qu'il fait une compétition de tennis ! ...., nous rangeons la maison parce que demain, il y a des invités ! Et puis ...., pas de film : la télé ne marche pas ! Pfffff !

Cinq conseils
pour **organiser** une **fête**

L'impératif

1 **Complète à l'impératif et associe.**

a. ....
(venir) à 14h30 chez moi avec ta guitare.

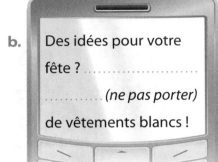

b. Des idées pour votre fête ? ....
.... _(ne pas porter)_ de vêtements blancs !

c. ....
(apporter) des bonbons s'il vous plaît !

d. Toi et moi, ... _(faire)_ un cadeau ensemble pour l'anniversaire d'Oscar, ok ?

e. ....
(écouter) la musique de son groupe, elle est super !

1. une proposition   **2.** une demande / une instruction   **3.** un conseil

Les mois de l'année

2 **Lis les devinettes et retrouve les mois de l'année.**

a. Je suis le premier mois de l'année.
→ ....

b. J'ai seulement 28 jours.
→ ....

c. En France, j'ai des jours très longs, spécialement le 21.
→ ....

d. Je suis le mois des cadeaux !
→ ....

e. Je suis le n° 10 de l'année.
→ ....

f. Mon premier jour est un jour pour coller des poissons dans le dos !
→ ....

Faire la fête en France

1 **Regarde les images et trouve à quelles fêtes elles correspondent.**

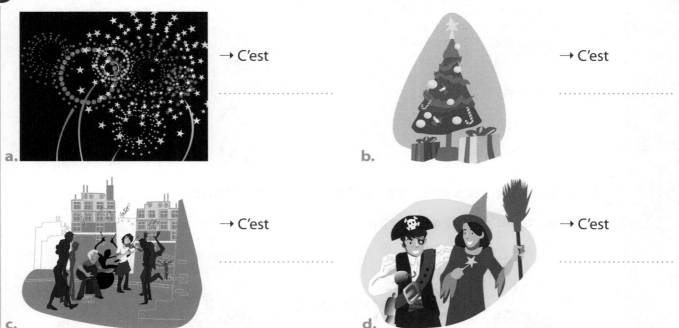

a. → C'est ....

b. → C'est ....

c. → C'est ....

d. → C'est ....

Mon cours de musique

2 **Trouve dans la grille cinq autres mots concernant la musique.**
Classe-les ensuite dans le tableau.

T	R	O	M	P	E	T	T	E	C
E	D	B	A	T	T	E	R	I	E
D	I	G	B	F	M	C	L	T	A
J	O	R	E	F	E	H	I	G	E
C	H	A	N	S	O	N	U	B	T
I	O	P	I	A	N	O	P	M	C

Styles musicaux	Instruments de musique
le	la *trompette*
la	le ....
la	la ....

1 Évalue tes connaissances p. 84 de ton livre.

2 Colorie la cible en fonction de tes résultats.

proposer, accepter ou refuser une invitation

Tu as 0 ou 1 point → Colorie en
Tu as 2 ou 3 points → Colorie en
Tu as 4 ou 5 points → Colorie en

demander et dire
l'heure / indiquer
des horaires

donner
des conseils

Maintenant, tu sais...

parler de tes activités quotidiennes

3 Fais les exercices correspondant à tes résultats.

Demander et
dire l'heure /
indiquer
des horaires
(Tu as ⬤ ou ⬤)

1. Observe les dessins et complète.

S'il vous plaît, monsieur,

.... ?

Il est cinq heures
et demie.

a.

Le cours de musique, c'est
de quelle heure à quelle heure ?

Emploi du temps

14h musique
15h

b.

C'est

....

....

Oh la la ! Il est

.... !

c.

Proposer,
accepter ou
refuser une
invitation
(Tu as ⬤ ou ⬤)

2. Lis le texto de Loïc et réponds à l'invitation. Tu acceptes ou tu refuses ?

Tu es libre samedi 18/05 de 16h30
à 22h00 ? C'est mon anniversaire.
La fête est chez moi sur le thème du
rock. Apporte une boisson et porte
des vêtements sur le thème. OK ? Loïc

Salut ! ....

....

....

....

Donner des conseils (tu as ou)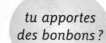

3. Donne une instruction ou un conseil pour chaque situation.
Utilise les verbes proposés.

Exemple : Qu'est-ce que j'apporte pour une fête d'anniversaire ?
→ (apporter) *Apporte un gâteau et des bonbons.*

a. Comment je m'habille pour faire du sport ?

→ (porter) ....

b. Je suis à Paris. Qu'est-ce que je visite ?

→ (ne pas oublier de visiter) ....

c. C'est la fête d'anniversaire de Xavier, mais ce n'est pas mon copain.

→ (ne pas venir) ....

Parler de tes activités quotidiennes (tu as ou)

4. Qu'est-ce qu'ils font ?

a. **b.** **c.** **d.**

Il se .... Ils .... Elle .... Je ....

Tu as partout ? Tu es un champion !!

5. Reconstitue l'invitation de Lise.

a. tu apportes des bonbons?

b. J'organise une fête

c. Viens

d. pour le Carnaval !!

e. Tu te déguises et

f. le samedi 28 février, de 14h à 22h ?

g. chez moi !

Salut !

Tu es libre ....
....
....
....

Lise

apprendre ◀ à ▶ **apprendre**

Et toi, comment fais-tu tes exercices à la maison ?

a. **b.** **c.**

LEÇON 1
Moi et les autres

Comment va ta famille ?

La famille

1 Regarde l'arbre généalogique de la famille de Samuel et complète les phrases.

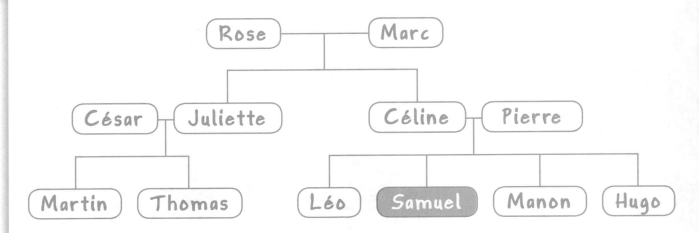

Exemple : *Sa mère* s'appelle Céline.

a. .... s'appelle Pierre.

b. .... s'appelle Manon.

c. .... s'appellent Hugo et Léo.

d. .... s'appelle Juliette.

e. .... s'appelle César.

f. .... s'appellent Rose et Marc.

Téléphoner

2 Lis et associe.

a. Allô, Céline ? C'est Juliette.

b. Allô, bonjour. C'est Martin. Est-ce que Samuel est là ?

c. Allô, est-ce que Manon est là ?

d. Allô, madame Tournier ? C'est monsieur Dorémi, le professeur de musique de Manon.

1. Non, je suis désolée. Elle est chez ses cousins.

2. Ne quitte pas. Je te le passe. Il regarde la télé.

3. Oui, bonjour monsieur.

4. Salut Juliette.

Mon journal de voyage

Le verbe *aller*

1 Entoure les six formes du verbe *aller*, puis complète les phrases.

VAVAISALLEZVONTVASALLONS

a. Tu .... à la piscine avec tes cousins ?

b. Oui, je .... à la piscine avec eux.

c. Ensuite, vous .... chez vos grands-parents ?

d. Non, nous .... à la maison pour jouer.

e. Alice .... avec ses cousins à la piscine.

f. Ils .... chez leurs grands-parents.

Les prépositions devant les noms de pays ou de villes

2 Complète.

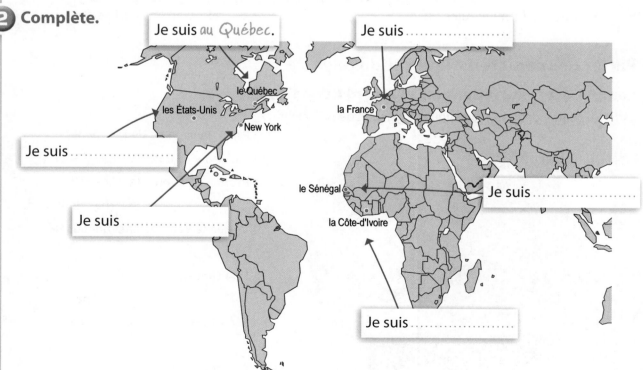

Je suis au Québec.

Je suis ....

Je suis ....

Je suis ....

Je suis ....

Je suis ....

le Québec

les États-Unis

New York

la France

le Sénégal

la Côte-d'Ivoire

Venez au Sénégal !

Les prépositions de lieu *au, à la, aux, à l'*

1 **Associe et complète avec la préposition et le mot corrects.**

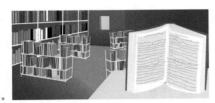
a. la bibliothèque

b. le cinéma

c. l'école

d. le musée

e. la plage

1. Alice va .... pour lire des livres sur le Sénégal.

2. Alice adore aller .... pour nager.

3. En juillet, Alice ne va pas .... Elle fait un grand voyage.

4. Alice va .... pour regarder un film sur le Québec.

5. Avec toute sa famille, Alice va ...., à la Maison des Esclaves.

Parler des caractéristiques d'un pays

2 **Complète le texte (attention à l'accord des adjectifs !).**

grande – petits – petites – magnifiques – sympathiques – célèbre

Paris, la capitale de la France,

est une ville très ....

Promenez–vous dans les

.... rues de la ville.

Visitez le Louvre, c'est un musée

....

En France, il y a des

.... villages.

Il y a aussi des plages

....

Les gens sont ....

LEÇON 4
Ma page culture

La Journée internationale de la francophonie

1 Trouve dans la grille le nom de sept autres régions ou pays francophones.

W	R	O	S	A	C	Q	L	N
C	A	M	E	R	O	U	N	E
A	B	R	N	C	E	E	F	G
N	E	T	E	T	M	B	L	Y
A	L	E	G	I	A	E	U	P
D	G	S	A	N	L	C	H	T
A	B	E	L	G	I	Q	U	E
L	I	B	A	N	N	Z	A	D

Exemple : le *Cameroun*

a. le ....

b. le ....

c. le ....

d. le ....

e. la ....

f. le ....

g. l' ....

Mon cours de géographie

2 Regarde la carte de France dans ton livre p. 93 et cherche :

a. une ville à l'est de Paris : ....

b. une mer au sud de Marseille : ....

c. un pays au nord de l'Italie : ....

d. une ville à l'ouest d'Orléans : ....

e. un pays au nord de la Manche : ....

Mon PORTFOLIO

1 Évalue tes connaissances p. 96 de ton livre.

2 Colorie la cible en fonction de tes résultats.

Tu as 0 ou 1 point → Colorie en
Tu as 2 ou 3 points → Colorie en
Tu as 4 ou 5 points → Colorie en

Maintenant, tu sais...

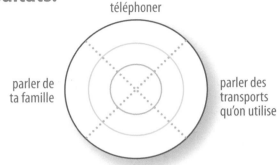

téléphoner

parler de ta famille

parler des transports qu'on utilise

parler des caractéristiques d'un pays

3 Fais les exercices correspondant à tes résultats.

Parler de ta famille
(Tu as   ou   )

1. Observe les images et décris la famille d'Anna.

La famille du frère de mon père

Ma famille

La famille de la sœur de ma mère

Je m'appelle Anna et j'ai un frère.
Ma mère a une sœur. Elle a trois
enfants, deux garçons et une fille.

Mon père a ....

il a ....

J'ai donc .... cousins et

.... cousines ; ....

tantes et .... oncles.

Téléphoner
(Tu as   ou   )

2. Gilles téléphone à Alice : reconstitue la conversation.

a. Non, elle est à la plage avec Victoria.

b. Moi, je fais mon journal de bord.

c. Allô Alice ? C'est Gilles, ton grand-père. Est-ce que ta maman est là ?

d. Tu écris toutes vos aventures ?

e. Je rêve de lire ton journal !

f. Et toi, qu'est-ce que tu fais ?

g. Oui, et je fais aussi des dessins et je colle des photos.

– Allô Alice ? C'est Gilles, ton grand-père.
  Est-ce que ta maman est là ?

– ....

– ....

– ....

– ....

– ....

3. Complète les phrases.

Parler des
transports
qu'on utilise
(Tu as ♦ ou ♦)

a. Je vais à la plage ....

b. Toute la famille va .... au Québec.

c. Nous visitons Dakar ....

4. Écris cinq phrases pour parler de ce paysage.

Parler des
caractéristiques
d'un pays
(Tu as ♦ ou ♦)

petit – sympathique – magnifique – de toutes les couleurs – célèbre

Nous sommes au bord de la mer.

Il y a ....

....

....

....

....

5. Complète le journal de bord avec les mots suivants.

Tu as ♦
partout ?
Tu es un
champion !!

dictionnaire – les cousins – en bus – très grande – célèbres – voyage

<u>5 juillet</u> : Je prépare mon .... ! Dans mon sac, je range mon journal de bord

et mon .... pour parler français !

<u>8 juillet</u> : Je suis chez mon correspondant. Avec ses parents, nous allons .... à

Marseille. C'est une ville .... Il y a des musées .... , mais je préfère

les plages. Demain, nous allons au marché avec .... de mon correspondant.

apprendre ◀ à ▶ apprendre

Et toi, comment fais-tu pour bien écrire ?

a.

b.

c.

Notre camp de vacances

Les vacances

1 **Complète les cartes postales avec les mots suivants.**

campagne – mer – montagne – randonnées – plongée – escalade – camper – m'occuper des animaux – ferme

a.

Salut Samuel !
Je suis en vacances à la
.... !
C'est super , je fais de l'
.... et des
.... à pied !
J'adore marcher !

b.

Chère Lucille,
Les vacances à la........................,
je n'aime pas ! Je suis dans une
.... et le matin, je me
réveille tôt pour .... !
Je déteste mes vacances !

c.

Chers papa et maman,
La ...., c'est super !
J'adore ....!
Avec les copains, on fait
de la ....
tous les jours. Il y a des
poissons magnifiques !

Le futur proche

2 **Conjugue les verbes au futur proche.**

Exemple : Mon frère et moi *allons observer (observer)* les animaux.

a. Qu'est-ce que tu .... *(faire)* en juillet et en août ?

b. Mes parents .... *(ne pas venir)* en camp de vacances avec moi !

c. Vous .... *(arriver)* quand ?

d. Imane .... *(ne pas aller)* à la mer, elle déteste la natation !

e. Je .... *(inviter)* mes copains pour mon anniversaire ! On .... *(s'amuser)* !

LEÇON
2
Ma page perso

Mon club nature

Les animaux

1 **Trouve dans la grille cinq autres noms d'animaux et classe-les dans le tableau.**

A	R	G	T	H	I	C	B	B
C	O	Q	O	X	A	I	A	N
T	C	P	R	E	F	T	L	B
G	Y	O	T	I	G	R	E	T
I	M	T	U	T	I	T	I	J
F	A	R	E	O	C	F	N	O
G	H	I	V	A	C	H	E	E
C	O	C	H	O	N	M	S	R

Animaux de la ferme
coq
....
....

Animaux sauvages
....
....
....

Exprimer un souhait

2 **Lis et imagine les souhaits des ados pour leur club. Utilise les propositions suivantes.**

~~aller à la montagne~~ – faire de la plongée – aller à la mer – faire des promenades en forêt – s'occuper des animaux – ~~faire de l'escalade~~ – observer les insectes – écouter les cris des animaux – observer les poissons – protéger les animaux en voie de disparition

Exemple :

Nom de mon club :
Les amis de la montagne.

Avec mon club, je voudrais aller à la montagne pour faire de l'escalade.

a.

Nom de mon club :
Copains des océans.

Avec mon club, je ....
....

b.

Nom de mon club :
Les animaux et nous.

....
....

c.

Nom de mon club :
Amis des forêts.

....
....

Mes fiches
animaux

Poser des questions avec *quel(le)(s)*

1 **Remets les questions dans l'ordre.**

a. les / Quels / sont / en / de / animaux / voie / disparition ?

→ ....

b. est / couleur / cheval ? / Quelle / ton / de / la

→ ....

c. tortues ? / Quelles / les / des / sont / particularités

→ ....

d. animal ? / est / Quel / le / ton / nom / de

→ ....

e. est / ton / vacances / lieu / préféré ? / de / Quel

→ ....

f. cochon ? / le / Quel / cri / du / est

→ ....

Parler de ses animaux préférés

2 **Complète avec *quel, quelle, quels* ou *quelles*, puis réponds aux questions.**

a. .... animal est vert et vit dans la mer et sur la terre ?

→ ....

b. .... est l'alimentation de la vache ?

→ ....

c. .... est la couleur du cochon ?

→ ....

d. .... animaux font cui-cui ?

→ ....

e. .... sont les activités de la ferme ?

→ ....

f. .... sports fais-tu à la montagne ?

→ ....

LEÇON 4
Ma page culture

Les animaux de compagnie

1 **Reconnais-tu ces chiens ? Reconstitue leurs noms et associe.**

a.   b.   c.   d.

1. ARNTAANNPL = ...

2. LIBL = ...

3. UMLOI = ...

4. IEDXFI = ...

Mon cours de biologie

2 **Lis les devinettes et complète.**

Je marche sur la terre et je nage dans l'eau, et j'ai des copines en voie de disparition.

→ Je suis la

a. ....

Nous sommes en général verts, nous habitons dans les jardins, les forêts, les campagnes, etc. Les animaux et les êtres humains nous mangent.

→ Nous sommes les

b. ....

Nous sommes de très petits animaux. Les gros animaux nous mangent, mais les êtres humains ne nous aiment pas beaucoup. Nous volons, sautons ou marchons...

→ Nous sommes les

c. ....

Je suis très grande et très belle. Respectez et protégez-moi, je ne voudrais pas disparaître !

→ Je suis la

d. ....

Mon PORTFOLIO

1 Évalue tes connaissances p. 108 de ton livre.

2 Colorie la cible en fonction de tes résultats.

Tu as 0 ou 1 point → Colorie en ▰
Tu as 2 ou 3 points → Colorie en ▰
Tu as 4 ou 5 points → Colorie en ▰

Maintenant, tu sais...

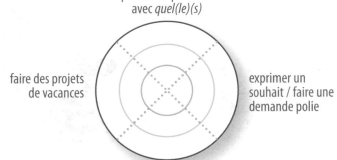

poser des questions
avec *quel(le)(s)*

exprimer un
souhait / faire une
demande polie

parler de tes animaux préférés

faire des projets
de vacances

3 Fais les exercices correspondant à tes résultats.

Faire
des projets
de vacances
(Tu as ▰ ou ▰)

1. Conjugue les verbes au futur proche.

De	lulu@gmail.com
A	Samsam@yahoo.fr

Salut Samuel,

Qu'est-ce que tu .... *(faire)* pendant les vacances ? Tu as des projets ? Moi,

je .... *(aller)* à la mer, avec ma famille et nous .... *(camper)*.

Mon frère .... *(ne pas venir)* avec nous parce qu'il .... *(s'occuper)*

d'animaux dans une ferme. Est-ce que tu voudrais venir avec nous ? Mes parents sont d'accord !

Dis oui, s'il te plaît : sans toi et mon frère, je .... *(ne pas s'amuser)* !

Bisous,
Lucille

Poser
des questions
avec *quel(le)(s)*
(Tu as ▰ ou ▰)

2. Lis les réponses et imagine les questions avec *quel(le)(s)*.

Exemple : *Quels sont les animaux de compagnie préférés des Français ?*
→ Les animaux de compagnie préférés des Français sont le chat et le chien.

a. ....

→ Mon lieu de vacances préféré est la mer.

b. ....

→ Mon nom de famille est Thibault.

c. ....

→ J'ai 12 ans.

d. ....

→ Mes sports préférés sont la plongée et l'escalade.

Exprimer
un souhait /
faire une
demande polie
(u as ● ou ●)

3. Regarde les dessins et complète les souhaits de vacances de ces ados.

Moi, je voudrais aller à la montagne et ....

a.

Moi, je ....
....

b.

Moi, je ....
....

c.

Parler de
tes animaux
préférés
(u as ● ou ●)

4. Associe.

a. Mon animal est rouge et il vit dans l'eau.

b. Mon animal est vert. Il marche et il nage.

c. Mon animal fait cui-cui !

d. Mon animal adore manger les oiseaux !

e. Je me promène sur le dos de mon animal.

1.   2.

3.   4.   5.

Tu as ●
partout ?
Tu es un
champion !!

5. Complète avec les mots suivants.

voudrais – ferme – animaux – compagnie – vacances – m'occupe – fleurs – oiseaux – chat – chien – baleines – tigres – club – protéger – disparition – nature

Bonjour,

Je suis en .... et je .... venir dans votre .... du 10 au

20 juillet. J'adore les .... et je connais bien la .... Chez moi, j'ai deux

animaux de .... : un .... et un ...., et un grand jardin.

Dans mon jardin, je .... des .... et je donne à manger aux

.... J'ai aussi un .... : nous faisons des actions pour ....

les animaux en voie de .... comme les .... et les ....

Merci de votre réponse !

Alice

apprendre ◀ à ▶ apprendre

Et toi, comment vas-tu faire pour ne pas oublier le français pendant les vacances ?

a.

b.

c.

Mon **dossier** perso

Ma bande de **copains** :

....

Dessine ou colle une photo de tes copains.

Dessine ou colle une photo de tes copains.

Dessine ou colle une photo de tes copains.

Dessine ou colle une photo de tes copains.

Dessine ou colle une photo de tes copains.

Écris un petit texte pour présenter ta bande de copains.

....

....

....

....

Mon **dossier** perso

Mon **personnage** de jeu vidéo : ....

Il aime 😊

....
....
....
....
....
....
....

Il n'aime pas ☹

....
....
....
....
....
....
....

Mon vêtement original

Nom de mon vêtement : ....

....
....
....

(Relie ton texte à ton dessin
par une flèche.)

....
....
....

(Relie ton texte à ton dessin
par une flèche.)

Dessine
ton vêtement
ou fais un collage.

....
....
....

(Relie ton texte à ton dessin
par une flèche.)

....
....
....

(Relie ton texte à ton dessin
par une flèche.)

Mon **dossier perso**

Trois bonnes
raisons de faire
du / de la / de l' ....

Dessine ou colle une photo
de ton sport préféré.

Dessine ou colle une photo
de ton sport préféré.

Dessine ou colle une photo
de ton sport préféré.

Je fais du / de la / de l'.. pour ....

....

Le / La / L'.................................... , c'est bon pour ....

....

Mon dossier perso

Mon quartier : ....

Colle ici la photo du lieu n° 1
(ou dessine-le).

Dans mon quartier,

il y a ....

C'est ....

Dessine ici le plan
de ton quartier.

Colle ici la photo du lieu n° 2
(ou dessine-le).

il y a ....

C'est ....

....

Colle ici la photo du lieu n° 3
(ou dessine-le).

il y a ....

C'est ....

....

Ma super
journée d'anniversaire

1. Il est . . . . ,

Je . . . .

. . . .

. . . .

. . . .

Illustre cette étape
de ta journée.

Illustre cette étape
de ta journée.

2. Il est . . . . ,

Je . . . .

. . . .

. . . .

. . . .

3. Il est . . . . ,

Je . . . .

. . . .

. . . .

. . . .

4. Il est . . . . ,

Je . . . .

. . . .

. . . .

. . . .

Illustre cette étape
de ta journée.

Illustre cette étape
de ta journée.

Mon dossier perso

Mon journal de voyage

Mon itinéraire :

Lille

Paris   Strasbourg

Nantes

Lyon

Bordeaux

Toulouse   Marseille

Illustre ton voyage.

Illustre ton voyage.

Illustre ton voyage.

Mes activités :

....

....

....

Mon animal préféré : ....

Colle ici la photo
de ton animal préféré.

Catégorie : ....

....

Alimentation : ....

....

....

Lieu de vie : ....

....

....

Corrigés des exercices de remédiation

MODULE 1 > p. 10-11

1. a. et toi – **b.** je vous présente – **c.** je te présente – **d.** Moi, c'est

2. Je te présente mes copains : Xavier et Samuel, et mes copines : Lise, Léa et Lucille.

3. a. cinq / sept – **b.** six / douze / quinze – **c.** huit / douze / quatorze – **d.** douze / quatorze / quinze

4. *Exemple de réponse :*

T	É	L	É	P	H	O	N	E
	L	I	V	R	E			
		S	A	C				
C	L	É	S					

5. agenda (*ou* téléphone) / photo / copains / six / s'appellent / filles / Moi / Il y a / téléphone (*ou* agenda) / sont

MODULE 2 > P. 16-17

1. a. Lucille aime chanter, écouter de la musique et parler avec ses copines. Elle n'aime pas le chocolat et les bonbons. **b.** Oscar aime le cinéma et regarder la télé. Il n'aime pas le sport et l'informatique.

2. a. Pourquoi / Parce que – **b.** Pourquoi / Parce que – **c.** Pourquoi / Parce que

3. a. Est-ce que vous aimez les promenades ? **b.** Est-ce que vous aimez le mercredi ? **c.** Est-ce que vous aimez le chocolat ?

4. week-end / école / des copains de classe / cours de musique / promenades

5. n'… pas / Pourquoi / Parce que / la musique / écouter / danser / dansons / est-ce que / aimes

MODULE 3 > P. 22-23

1. *Phrases possibles :* J'ai les cheveux longs. J'ai les yeux bleus. Tu es rousse. Tu es blond. Tu es petit. Hélène est rousse. Nous avons les cheveux longs. Nous avons les yeux bleus. Emma et Justin sont grands. Paul est blond. Paul est petit.

2. a. Nous avons treize ans. **b.** Tu as quel âge ? **c.** J'ai quinze ans. **d.** Elles ont quatre ans.

3. a. On se ressemble parce qu'on est grands et on a les cheveux longs. **b.** On se ressemble parce qu'on a une robe bleue. **c.** On se ressemble parce qu'on est roux et on adore le sport.

4. a. pantalon / blanches / t-shirt bleu – **b.** rouge / t-shirt / casquette violette

5. ai / ans / petit / ai / cheveux / mode / copine / On / différents / grande / brune

MODULE 4 > P. 28-29

1. Lucille : c – Oscar : a / b **2.** *Réponses libres.*

3. *Exemple de réponse :* Voici Max Delaballe. Il adore le tennis et il est aussi professeur de sport. Il aime faire de l'exercice parce que c'est bon pour le corps et il fait des compétitions parce qu'il aime gagner. C'est un champion extraordinaire !

4. a. Qu'est-ce que tu fais comme sport ? **b.** Est-ce que tu fais des compétitions ? **c.** Qu'est-ce que tu fais le mercredi ? **d.** Est-ce que tu aimes la natation ?

5. Qu'est-ce que / football / natation / leurs / compétitions / sport / dans une équipe / bon / tête / corps

MODULE 5 > P. 34-35

1. 1. Chez Loïc. **2.** Chez Samuel. **3.** Chez Alice.

2. a. Tu tournes à droite et tu continues tout droit. Puis tu tournes à gauche. **b.** Tu traverses le pont et tu tournes à gauche. **c.** Tu traverses la place et tu vas tout droit !

3. a. la bibliothèque – **b.** un pont – **c.** un musée – **d.** une piscine – **e.** le jardin – **f.** le collège

4. a. à pied – **b.** en bus ou en métro – **c.** en vélo ou en rollers

5. perdue / chez / où / toi / rue / continues / droit / station / droite / vélo / marcher / casque

MODULE 6 > P. 40-41

1. a. quelle heure est-il ? **b.** C'est de quatorze à quinze heures. **c.** Il est six heures cinquante (sept heures moins dix) !

2. *Exemples de réponses :* Tu acceptes : Salut! Je suis libre samedi de 16h30 à 22h00. Je viens à ta fête et j'apporte une boisson. Tu refuses : Salut ! Je ne suis pas libre samedi de 16h30 à 22h00. Désolé, je ne viens pas à ta fête.

3. a. Porte un t-shirt et des baskets. **b.** N'oublie pas de visiter la tour Eiffel, le musée du Louvre, le jardin du Luxembourg, la cathédrale Notre-Dame… **c.** Ne viens pas à sa fête.

4. a. Il se douche. **b.** Ils dansent. **c.** Elle se réveille. **d.** Je m'habille.

5. Salut ! Tu es libre le samedi 28 février, de 14h à 22h ? Viens chez moi ! J'organise une fête pour le Carnaval ! Tu te déguises et tu apportes des bonbons ? Lise

MODULE 7 > P. 46-47

1. Mon père a un frère. Il a une fille. J'ai donc deux cousins et deux cousines ; deux tantes et deux oncles.

2. c – a – f – b – d – g – e

3. a. en bus – **b.** en avion – **c.** à pied

4. *Exemple de réponse :* Il y a une plage magnifique et un petit village près de la mer. Les gens sont sympathiques (et ils adorent parler). Ils pêchent des poissons de toutes les couleurs. Il y a aussi une île célèbre.

5. voyage / dictionnaire / en bus / très grande / célèbres / les cousins

MODULE 8 > P. 52-53

1. vas faire / vais aller / allons camper / ne va pas venir / va s'occuper / ne vais pas m'amuser

2. a. Quel est ton lieu de vacances préféré ? **b.** Quel est ton nom de famille ? **c.** Quel âge as-tu ? **d.** Quels sont tes sports préférés ?

3. a. … faire de la randonnée et de l'escalade. **b.** Moi, je voudrais visiter la France et voir Paris et la tour Eiffel. **c.** Moi, je voudrais aller à la mer et faire de la plongée (et observer les poissons).

4. a. 4 – **b.** 5 – **c.** 1 – **d.** 2 – **e.** 3

5. vacances / voudrais / ferme / animaux / nature / compagnie / chat / chien / m'occupe / fleurs / oiseaux / club / protéger / disparition / tigres / baleines

Jeu des 3 familles

Découpe les cartes et joue au jeu des 3 familles (aide-toi de ton livre, n° 8 p. 101).

Famille animaux de la ferme

Famille animaux de la ferme

Famille animaux de la ferme

Famille animaux
en voie de disparition

Famille animaux
en voie de disparition

Famille animaux
en voie de disparition

Famille nature

Famille nature

Famille nature

Adosphère

Adosphère

Adosphère

Adosphère

Adosphère

Adosphère

Adosphère

Adosphère

Adosphère

Achevé d'imprimer en Italie par Grafica Veneta
Dépôt légal: 05/2013 - Collection n° 10 - Edition n° 05
15/5709/9